AF142965

Evelyne Charasse

L'attente lumineuse

J'écoute le vent

J'écoute le vent

Il me donne

De tes nouvelles

Chaque matin

Je m'habille

D'un sourire

Parce que ça me va bien

J'apprendrai la forme

De ton cœur

J'apprends vite

Sur la nappe

Noire

De la nuit

Il reste

Des miettes

De soleil

Éparpillée

Par le vent

Dans le bleu

Un seul mot

Me recompose

Toi

Allume tes yeux

Aux miens

Que le jour

Soit

Plus clair

Posée

Sur mon cœur

Légère

L'idée

De toi

De t'espérer

Jamais

Je ne me lasse

Mon âme

Est en désordre

En désordre

De toi

Jamais seule

Dans le noir

Avec toi

Dans mon âme

Viens

Mes bras seront remparts

Et

Mon cœur citadelle

Et un matin

De nacre

Les yeux s'ouvrent

Bourgeons tétant

Le ciel

Tu t'éveilles

D'un long sommeil

De bois dormant

Et

Tu ne te souviens plus

Si tu es un rêve

Ou un ange

Derrière

Les étoiles

Se forgent

De nouveaux mots

Pour toi

J'ai tenté

De retenir ton ombre

Ne m'est resté

Au creux de la main

Que ton souffle manqué

Mon cœur architecte

Est bâtisseur

De temps

Je suis fragile

Vigie

Ballottée

Par le vent

Je guette

Ton retour

Trop

Trop

De bleu

Du ciel tombé

Et

Pas assez

Non

Pas assez

De toi

J'aime

Quand tu me parles

À l'envers

Tu remets

Le monde

En place

J'ai perdu

Mon souffle

Le vent me l'a pris

Quand

Tu es parti

Te voir

Et voir

L'horizon

Qui tangue

Comme une photo tremblée

Une photo floutée

Les mots

Que je veux te dire

N'existent pas

Redonne-moi

Le temps

Où mon cœur

Battait

Des mains

À tout rompre

J'erre

Dans le silence

De l'avant-monde

Sans bagages ni maison

Je cherche

Le bruit

De ton nom

Je t'aimerai

Où les flots

Se cachent

Où les ombres

Se terrent

Je t'aimerai

À l'orée des jours

Dans les cils clos

Des nuits

Que m'importent

Le monde

En furie

Le ciel

En fuite

Je me tiens

Là

Je t'attends

Je ne te cherche plus

Je ne te cherche plus

Tu es

Dans mes yeux

Je t'ai vu ruisselant

De lumière

Juste appuyé

Sur ton ombre

Je trouverai

Un lit de neige

Et

J'attendrai

Que tu me nommes

Enfin

Il manque

Un battement

À mon cœur

Le monde

N'est qu'une attente

Un souffle

Suspendu

Puis

Ton ombre

Se posa

Sur la mienne

Et tout fut

Scellé

J'attends

Au bord du monde

Que la nuit

Chuchote enfin

Ton nom

À ta vue

Il est tombé

Sur mon âme

Un peu de ce bleu

Inaltérable

J'irai

À l'envers

De la nuit

Débusquer

Tes rêves

Un cœur

Bâillonné

Hurle toujours

En silence

Qui me rendra

Ces heures

Qui volent

Légères ?

À gratter

Le ciel

Il reste toujours

Un peu

De bleu

Sous les ongles

Ne viens pas

Avec tes certitudes

Viens

Avec ta fragilité

J'irai

Au bout de la nuit

Trouver

L'instant

Qui ouvre

Le jour

Parmi

La foule

Je n'entends

Que le battement

De ton cœur

Dis-moi

Que le monde existe

Qu'il est là

Dans tes yeux

Le temps

D'un battement

De cœur affolé

Je saurai t'apprivoiser

J'ai tant rêvé

De toi

Que j'en suis encore

Toute illuminée

Tu viendras

Et

La nuit

Disparaîtra

Dans mes bras de neige

Je desserrerai

L'étau

Qui te broie

Je retrouverai

Des soleils éteints

Tout

Au fond de tes yeux

Une seule chose

Est à faire

T'aimer

Éditeur :

Books on Demand GmbH,
12/14 rond-point des Champs Élysées,
75008 Paris, France

Impression :

Books on Demand GmbH, Norderstedt, Allemagne

N° ISBN : 9782322198054

Dépôt légal : janvier 2021

www.bod.fr

Avec le soutien de Dialoguer en poésie,
département autonome de l'association Le 122

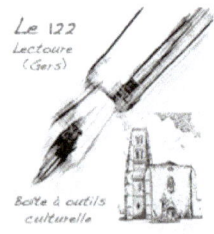